48

1461.



(Par Mlle Mélanie de Boilea
d'après Barbier.)

(Par Mlle Mélanie de Boilea
d'après Barbier.)

# APPEL

## A LA NATION FRANÇAISE.

*Nota.* Cet opuscule n'est qu'un fragment d'un ouvrage du même auteur, qui paraîtra incessamment sous le titre de

CORRESPONDANCE POLITIQUE, ou *Mémoires pour servir à l'histoire du duc* DE BERRY, *et de quelques années de la révolution.*

On y trouvera un aperçu rapide de tous les événemens qui ont précédé l'affreux attentat, et quelques observations sur les causes qui les ont amenés. L'auteur s'est d'ailleurs procuré à une bonne source des renseignemens certains qui le mettent à même de suivre son héros depuis sa naissance jusque dans les camps, et pendant les longues années de son exil. Ces mémoires donneront une foule de détails qu'on ne trouve dans aucune des brochures qui ont encore paru.

Ils formeront 1 vol. gros in-8°., orné du portrait du prince.

# APPEL

## A LA NATION FRANÇAISE,

### OU

### RÉFLEXIONS SUGGÉRÉES PAR LES FUNÉRAILLES

DE SON ALTESSE ROYALE MONSEIGNEUR

## LE DUC DE BERRY.

PAR M<sup>me</sup>. DE B*****.

« L'homme vertueux s'élance dans la mort,
« et se relève immortel. »

YOUNG.

PRIX : 1 fr.

# A PARIS,

SE VEND

**CHEZ LENORMAND, RUE DE SEINE, N°. 8.**
CHEZ PICHARD, QUAI DE CONTI, N°. 5.
CHEZ L'AUTEUR, RUE DE VAUGIRARD, N°. 15.

———

DE L'IMPRIMERIE DE DIDOT LE JEUNE,
RUE DES MAÇONS-SORBONNE, N°. 13.

1820.

# AVERTISSEMENT.

Fʀᴀɴçᴀɪs ! permettez qu'une femme vivement, profondément pénétrée du sentiment douloureux que vous avez tous éprouvé à la nouvelle de l'affreux attentat qui vint changer en pleurs les joies du carnaval, vous présente quelques réflexions échappées à sa plume sur le sujet de nos regrets communs.

Cet essai n'est qu'un bien mince opuscule, mais il se rattache à un ouvrage beaucoup plus important, qui paraîtra très-incessamment, si le suffrage du public m'encourage à le publier.

En me hâtant de mettre au jour ces lignes tracées hier et avant-hier, je n'ai point la prétention d'offrir au public un essai perfectionné ; je n'en ai pas eu le temps, voulant être la première à faire paraître quelques observations que je crois utiles sur les obsèques de monseigneur ʟᴇ ᴅᴜᴄ ᴅᴇ Bᴇʀʀʏ. J'abandonne mon esprit à la critique ; je demande seulement grâce pour mon cœur : c'est lui, c'est lui seul qui a guidé ma plume, et, dans l'élan du sentiment qui m'entraînait, j'ai peu songé à mettre de l'ordre dans mes pensées. Que ceux qui me liront apprécient seulement mes motifs, et j'obtiendrai leur indulgence.

# APPEL

## A LA NATION FRANÇAISE,

OU

RÉFLEXIONS SUGGÉRÉES PAR LES FUNÉRAILLES

DE SON ALTESSE ROYALE MONSEIGNEUR

## LE DUC DE BERRY.

⌇⌇⌇⌇⌇⌇⌇⌇⌇⌇⌇⌇⌇⌇⌇⌇⌇⌇⌇⌇⌇⌇⌇⌇⌇⌇⌇⌇⌇⌇⌇⌇⌇⌇⌇⌇⌇⌇⌇⌇⌇⌇⌇⌇⌇

## FRAGMENS

### D'UNE CORRESPONDANCE POLITIQUE.

Du 13 mars 1820, onze heures du soir.

C'EST demain qu'on célèbre les obsèques du prince si audacieusement frappé par un poignard assassin ! c'est demain qu'au milieu de la pompe religieuse et de la pourpre royale, dont on s'est plu à environner ce fils de France qui était l'espoir des lis ! qui, né sur les marches du plus beau trône de l'univers, a connu tout le néant des grandeurs et toutes les vicissitudes humaines ; c'est demain qu'on verra descendre dans la tombe, dans le caveau de nos rois, celui qui eût été si digne d'en perpétuer la tige. Une seule nuit, un moment a tranché le cours de ses brillantes destinées ; et le voile funèbre qui couvre la France entière a révélé les bienfaits sans nombre de l'auguste victime. Les pleurs des infortunés s'uniront à ceux de tous les ordres de l'état; que dis-je?... ah! les malheureux que le prince secourait si généreusement n'ont pas attendu ce dernier instant pour verser des larmes amères sur sa funeste mort, et le tribut de leur douleur s'est mêlé dès le premier moment aux accens de la France éplorée....... Mais, lorsque la tombe est prête à se refermer, qu'elle va engloutir pour jamais ce digne fils du grand Henri, cet héritier de ses vertus! les larmes, les sanglots du désespoir retentissent avec une nouvelle force; il semble que nous le perdons une seconde fois.....

Il y a juste aujourd'hui un mois qu'il fut frappé, à cette même heure où je trace ces lignes, empreintes de ma profonde affliction..... Je crois le voir entouré de son auguste famille, et sur son lit de mort, supportant sans se plaindre les plus horribles souffrances! s'efforçant d'en triompher pour modérer les accens douloureux des objets de sa sollicitude, de ses plus tendres affections. Là, un frère au désespoir, un père inanimé de douleur, captiveraient tout mon intérêt, si cette épouse baignée d'un sang si précieux! et cette princesse qui semblait avoir ressenti tous les genres, tous les degrés d'affliction, et qui a vu se rouvrir pour elle une source de douleur non encore éprouvée.... ne venaient offrir à ma pensée un surcroît, un redoublement d'intérêt particulier. Mon âme s'unit à toutes leurs anxiétés; je sens tout ce qu'elles dûrent éprouver dans cette cruelle nuit, où, au rapport des médecins, les derniers momens de la victime semblent, par un miracle de la Providence, n'avoir été prolongés que pour lui donner le temps d'accroître nos regrets, et d'offrir aux incrédules un exemple frappant des forces qu'on peut puiser au sein de la religion; elle seule put lui inspirer cette sublime résignation, qui, comme un trait de lumière, a rempli de foi ceux qui l'entouraient. « J'ai vu périr « bien des hommes ; mais la religion seule peut les « transformer en anges, » disait l'un des chirurgiens qui l'ont soigné. Ah ! pour nous aider à supporter une perte aussi cruelle, répétons que monseigneur le duc DE BERRY est sorti de ce monde comme d'une vallée de larmes, donnant à ceux qui pleuraient autour de lui l'espoir si nécessaire et si consolant du bonheur promis à l'âme chrétienne.

Quel beau texte offrent à l'orateur qui prononcera son oraison funèbre ces six heures de son existence, qui furent une vie entière ! . . . . . Qui jamais mérita mieux que le duc DE BERRY l'application de cette pensée d'Young ? « L'homme ver- «tueux s'élance dans la mort, et se relève immortel ?» A peine ses yeux ont été fermés à la lumière, que la suave odeur de ses vertus, de ses derniers instants, a retenti dans la capitale, et qu'en étonnant ceux qui étaient incapables de comprendre des sentimens aussi nobles, aussi généreux que l'ont été les siens, elle a porté au plus haut degré l'admiration et la vénération de ceux qui donnent à sa mémoire des larmes sincères. Le concours des personnes de tout rang, de tout sexe, de tout âge, qui se sont empressées autour de son catafalque, et de magnifiques devoirs funèbres seront une faible consolation pour une épouse éplorée; mais les sublimes espérances qu'une si belle mort a versées dans son cœur lui ont donné la force de lui survivre et de conserver à la France le précieux gage de la plus tendre union!

---

Du 14, huit heures du soir.

Tout est fini..... tout est consommé!.... la tombe de nos rois est refermée sur l'auguste victime, ses cendres vont s'unir à celles du roi martyr..... et son âme, déjà placée au sein de l'Eternel, plane dans les régions d'un meilleur monde, d'où sans doute elle protégera la France! On ne peut en douter, celui qui dans les gémissemens de la mort s'écriait encore, « grâce!... grâce!...» doit apaiser le courroux d'un Dieu, le porter à jeter un regard de miséricorde sur une nation souillée de tant d'attentats..... Mais, si le sang innocent criait vengeance contre la France, si les sept victimes des plus exécrables forfaits s'élevaient à la fois devant le trône de l'Eternel, si elles imploraient sa justice et sa sévérité, ô nation infortunée, quel serait ton recours contre un Dieu juste et vengeur des crimes? O race des Bourbons!..... tige sacrée du grand Henri! si les Français n'avaient un appui dans ta

clémence, comment trouveraient-ils grâce aux yeux
du Très-haut ? . . . Les innocens, confondus avec les
coupables , expieraient dans les plus affreux tourmens le crime d'avoir porté leurs mains impies sur
les oints du Seigneur , et sur leurs précieux reje-
tons. . . . Les coupables , traduits devant le tribunal
d'un Dieu suprême, n'auraient pas même la res-
source d'excuser leurs attentats sur l'horreur qu'in-
spirent les tyrans. Ce ne fut point dans sa colère,
mais au contraire dans sa plus grande bonté que
Dieu leur donna ces princes magnanimes, qui
n'usèrent des drois de la puissance que pour faire
des heureux et des ingrats ! ! !

Qu'ils osent descendre au fond de leur conscience,
ceux qui ont à se reprocher d'avoir coopéré aux
forfaits que la saine partie de la nation ne cessera
de déplorer; qu'ils s'interrogent eux - mêmes , et
qu'ils se jugent. . . . . Mais que dis-je? les forcenés
ont-ils une conscience? connaissent-ils les remords?...
non, ils n'en sont plus susceptibles. Familiarisés avec
le crime , ils ne connaissent plus ces salutaires
atteintes qui ont parfois retenu le bras des crimi-
nels non encore endurcis. L'infâme Louvel l'a lui-
même confessé, il a eu besoin de se fortifier le cœur,
de s'abreuver de liqueurs fortes avant de porter
des coups assurés. Ah! plut au ciel que son bras
incertain n'eût tenté qu'un vain effort, et que le
prince objet de tant de larmes nous eût été conservé. . . .! Mais il n'est plus, hélas ! il n'est plus! et
il repose maintenant auprès de ses illustres aïeux;

le caveau des Bourbons a été de nouveau scellé, et la longue suite des rois dont les cendres sont placées dans les tombeaux de Saint-Denis a vu paraître au milieu d'eux l'ombre sanglante du petit-fils de Henri !

La pompe funèbre a été digne du prince, digne du roi qui l'a ordonnée, et qui s'est plu à honorer les mânes du neveu qu'il chérissait comme son propre fils !... Les voûtes de la basilique de Saint-Denis, resplendissantes de mille lumières, ont offert le plus noble, le plus imposant spectacle. Jamais, dit-on, ces voûtes n'avaient été ainsi tendues de noir ; jamais les rayons du jour n'avaient été aussi complètement interceptés par les voiles funèbres qui décoraient l'enceinte de ce vaste édifice. Des milliers de bougies, de candélabres, de lampes et de torches funéraires, faisaient ressortir majestueusement les armes de France et les attributs de la mort, qui formaient le seul ornement de cette lugubre et superbe cérémonie.

Le sarcophage était d'un genre noble, imposant ; il n'était point surchargé de vains simulacres, mais tout son ensemble était d'une riche élégance.

L'oraison funèbre du prince, prononcée par monsieur le coadjuteur de Paris, a été aussi remarquable par la force des pensées que par l'expression énergique de tous les sentimens excités par l'odieux attentat. La division de ce discours a été les sujets de douleur causés par la perte du petit-fils de Henri iv, et les sujets de consolation qui naissent de sa mort chrétienne et des grands exemples qu'il a donnés.

Le plus profond recueillement régnait dans toute l'assemblée : on écoutait avec un saint respect l'éloquent orateur ; mais plus d'une fois il fut interrompu par les sanglots de son auditoire. Ils retentirent de toute part dans l'immensité des voûtes de la basilique : et ce témoignage unanime de sensibilité dut avoir un charme consolateur pour la douleur des augustes personnages qui, surmontant le poids de l'affliction, ont eu assez de force et de courage pour assister à la cérémonie funèbre, et rendre ainsi les derniers devoirs à l'illustre victime.

On a remarqué que non-seulement les princes et les princesses, mais le roi lui-même, a honoré de sa présence les obsèques de monseigneur le duc DE BERRY. Il était digne de Sa Majesté de s'élever au-dessus du préjugé qui a jusqu'alors empêché les rois de France de se montrer à Saint-Denis, et surtout d'assister aux funérailles des princes de leur sang. Cette preuve si particulière des sentimens du roi honore également le prince et le souverain. Qu'il est doux de trouver dans la famille royale une union aussi touchante, et un exemple si frappant de force d'âme et de sensibilité ! Mais combien cette considération ajoute à nos regrets ! Qu'il est cruel, qu'il est barbare, l'infâme assassin qui est venu rompre le fil des plus beaux jours ! ! ! rompre les nœuds, les liens les plus chers, porter la douleur et le déséspoir dans tous les cœurs..... « Ah ! qu'il périsse en horreur à toutes les nations l'auteur de cet exécrable forfait ; et que les monstres, plus coupables encore, qui ont aiguisé son poignard, périssent avec lui dans les plus affreux supplices ! ! ! »

Ce vœu, si énergiquement exprimé par les braves cuirassiers du régiment DE BERRY, doit devenir celui de tous les Français. Oui, le cri de l'honneur et de la fidélité doit retentir dans tous les cœurs qui n'ont point coopéré à l'odieux attentat.

Ce n'est pas assez de pleurer la victime, il faut la venger.... Toutes les adresses des départemens expriment avec force ce vœu dicté par une prudence éclairée sur nos dangers.

On remarque surtout ce passage dans l'adresse de la ville de Dijon.

« Sire, nous vous en supplions au nom de l'état,
« au nom de votre conservation, qui nous est si
« chère et si précieuse, poursuivez dans ses racines
« un complot qui, caché dans l'ombre, menace à
« la fois la religion et le trône.

« Que ceux-là soient atteints par la rigueur des
« lois, qui, non contens de propager leurs doctrines
« perverses, d'égarer les esprits faibles, de séduire et
« de corrompre la jeunesse, arment le bras de leurs
« Séides pour épuiser dans sa source le sang des
« descendans de nos rois. »

Toutes les adresses sont écrites dans le même esprit ; toutes révèlent l'existence d'un complot dont il n'est plus permis de douter, et que ceux-là seuls qui y ont trempé, coopéré au moins par la pensée, peuvent s'obstiner à nier. Ah ! si tous ceux qui ont assisté non-seulement aux funérailles du duc DE BERRY, mais qui ont suivi son convoi, éprouvaient ce vif sentiment d'indignation qui anima les Romains contre les meurtriers de César, ils seraient tous disposés à réunir leurs efforts pour détruire toutes les conspirations contre l'autorité royale et contre les Bourbons. Les complots seraient déjoués, et la France serait sauvée.

Braves militaires ! dont le cœur dut palpiter en approchant des mânes d'un prince valeureux, vous qu'il était si digne de commander et de conduire à la victoire, ne souffrez pas qu'on vous abuse sur les causes de sa mort ; ouvrez les yeux sur les entreprises des factieux ; voyez-les marcher directement vers leur but impie en attaquant, en éteignant dans sa source le plus noble espoir des lis !... Vous avez pleuré sur sa tombe. On vous a vus près de son catafalque les yeux humides de larmes ; et sans doute au milieu des camps vous eussiez défendu le noble descendant de Henri ! Vous n'eussiez pas souffert qu'un bras téméraire se fût levé sur lui ; vous lui auriez formé de vos corps un bouclier impénétrable. Aussi est-ce dans l'ombre qu'on l'a frappé : les scélérats auraient trop redouté de combattre contre lui ! Et vous, braves guerriers, sincères admirateurs de la valeur et de toutes les vertus chevaleresques, si vous eussiez combattu sous les drapeaux du duc DE BERRY, vous l'eussiez aimé jusqu'à l'idolâtrie ! Vous l'auriez vu intrépide dans

les combats, calme dans les dangers, humain, généreux, sensible, ménageant le sang de ses soldats
et leur prodiguant tous les soins du plus tendre
père. Vous eussiez enfin reconnu en lui toutes les
qualités, toutes les vertus du chef des Bourbons !
C'est parce qu'on a redouté l'ascendant que tant
d'éminentes qualités pourraient lui donner sur l'armée qu'on s'est hâté de se défaire, par un assassinat, d'un prince qui eût été le plus ferme appui
de sa race ! Les monstres étaient trop lâches pour
recourir aux armes de l'honneur ; et, pour couper
le cours d'une si belle vie, c'est dans l'ombre de
la nuit qu'ils ont frappé ; l'éclat du jour eût arrêté
leurs poignards ! Ils ont, dans le premier instant,
cherché à répandre que cet assassinat ne devait être
attribué qu'à une vengeance particulière : l'impos-
ture est tombée d'elle-même. Nulle action de la vie
de ce prince magnanime n'avait pu mériter la haine,
il n'avait fait que du bien. La mort, en planant
sur sa tête, a révélé à l'univers l'éclat de ses vertus ; chaque jour en découvre de nouvelles. Il est
peut-être le seul prince dont on puisse écrire la
vie sur son tombeau en présence d'un père, d'une
épouse, de sa famille entière, sans qu'aucun fait
doive être caché, doive être dissimulé. Et la France,
qui a tant de sujets de s'énorgueillir de l'avoir vu
naître dans son sein ; la France, dont le bonheur
était le constant objet de ses vœux ; la France,
qui l'occupait encore dans ses derniers instans,
sera-t-elle ingrate envers lui ?... Non, elle a pleuré

sur ce fils de France ! Elle le regrette ; mais ce n'est point assez. Les larmes de Rome n'ont point rendu Germanicus à sa veuve désolée ; elles n'ont point sauvé sa famille infortunée ; et si celles de la France sont aussi stériles, le reste précieux de la plus auguste dynastie ne nous sera peut-être point conservé !.....

O Français ! qu'il n'en soit point ainsi ; écoutez le cri de l'honneur, écoutez ce sentiment inné qu'on cherche en vain à étouffer en vous ; qu'il se réveille dans votre âme dans toute sa force, dans toute sa vigueur, et qu'un élan spontané vous porte à jurer au pied de la tombe du duc DE BERRY de verser tout votre sang pour la défense de la famille royale, et pour la préserver de toutes les atteintes des factieux.

Que ce serment soit inviolable ! qu'il soit fortement gravé dans tous les esprits, dans tous les cœurs.....Ah ! puissent-ils, abjurant de vaines querelles, de vaines disputes d'opinion, marcher au même but, et s'unir sincèrement pour le maintien de l'ordre et de la tranquillité !

Nous sommes, hélas ! sur le cratère d'un volcan, l'abîme est entr'ouvert sous nos pas ; il a déjà englouti la plus noble, la plus chère des victimes !... et les factions s'agitent encore sur sa tombe ; et, jusque dans le sein des chambres, les plus scandaleux débats ajoutent à l'inquiétude des esprits. Ce ne sont point les torches, les brandons de la discorde qui devraient s'agiter près des mânes de l'auguste prince qui s'offrit en holocauste et qui envisagea la mort en héros chrétien, en homme magnanime, au-dessus de toutes les passions vulgaires et du désir de la vengeance.

Vous tous qui avez été témoins de cette mort si belle, de cette scène déchirante, éternel entretien de douleur et de regrets ! vous avez été frappés des plus sublimes pensées; tant de grandeur d'âme, de vertu, de foi, a communiqué à vos cœurs un rayon de la gloire céleste ! Vous l'avez vu planer sur cette tête auguste, et vous avez tous reconnu que la religion seule pouvait inspirer un si véritable héroïsme.

Français de toutes les classes, hommes de tous les partis, vous n'avez pu refuser des larmes à ce prince si lâchement assassiné, à ce prince si digne de régner ! Ses derniers momens ont ébranlé les fondemens de l'incrédulité. Ah ! puissent-ils, nous ramenant à la religion de nos pères, à leur foi, à leur amour, à tous les sentimens d'honneur et de fidélité dont ils s'honoraient, éloigner de nous tous les dangers que l'athéisme traîne à sa suite. Le poignard de Sand a converti l'Allemagne ; celui de l'infâme Louvel, celui qui a frappé le duc DE BERRY, ne produira-t-il en France qu'un effet éphémère ? Ah ! qu'il n'en soit pas ainsi, qu'il soit aussi durable que profond, le sentiment inspiré par sa mort, et qu'il produise d'heureux fruits.

Vous tous qui avez assisté à ses funérailles; qui avez entendu l'orateur chrétien retracer les vertus du prince, tous ses droits aux regrets universels, rassemblés, réunis autour de son cercueil, ne vous semblait-il pas que son ombre gémissante autour de vous recommandait à votre amour les objets de sa tendre sollicitude ? Vos regards se portaient avec respect, avec vénération sur les membres de la famille royale qui assistaient avec vous à cette solennelle cérémonie ; vous partagiez leur affliction, vous y preniez une part sincère, et sans doute un sentiment intérieur vous reportait vers un père au désespoir, vers une épouse infortunée, dont la douleur, plus sensible encore, ne peut cesser d'être présente à nos pensées. Cette princesse, cette épouse, couverte encore d'un sang précieux, réclame des Français amour, intérêt et protection ! Elle doit être environnée de tous les soins, de tous les égards qui peuvent apporter dans son âme quelque consolation à l'amertume de ses douleurs. Elle est placée sous l'égide de l'honneur des Français ! leur honte serait éternelle, s'ils laissaient commettre un nouveau crime, s'ils laissaient menacer ses jours par un fer assassin ; et cependant les frénétiques audacieux, qui enragent d'avoir commis un crime inutile, qui ont frémi en apprenant qu'un gage recélé dans son sein promettait encore un héritier à la France, pourraient étendre sur elle leur rage forcenée. Que tous les yeux soient ouverts sur leurs complots, que tous les Français dignes de ce nom s'unissent pour déjouer les entreprises d'un parti dont on ne peut plus se dissimuler le véritable but, et qui voudrait nous replonger dans toutes les horreurs de l'anarchie. Qu'il est temps, qu'il est grand temps, qu'un gouvernement ferme, sans être oppresseur, réprime toutes les factions et contienne tous les partis qui s'agitent en sens contraire; que, juste envers tous, et par conséquent sévère pour le crime et pour tout ce qui peut y conduire, il calme l'effervescence des esprits par la sagesse et la prudence de ses mesures; que l'expérience du passé ne soit pas perdue pour nous; que les lumières du siècle n'obscurcissent pas notre faible raison; et surtout que ceux qui ont pu s'aveugler jusqu'à présent ne referment point les yeux sur l'avenir qui nous menace; qu'ils ne se laissent point égarer, entraîner par d'adroits ambitieux qui fondent sur un nouveau bouleversement l'espoir de leur élévation. Trente ans de révolutions ont dû suffisamment instruire, éclairer les Français sur l'effet ordinaire des changemens de gouvernement. S'ils ont pu se laisser séduire un moment par les prestiges d'une liberté mal entendue, la réflexion, l'expérience, ont dû leur faire reconnaître que son fantôme éblouissant égare les peuples loin de la route de leur vrai bonheur, et qu'en altérant les heureux liens de l'attachement et de la confiance qui doivent les unir à leurs princes, à leurs souverains, on rompt les bases fondamentales de leur tranquillité. Qu'un retour sur le passé, sur ces années de trouble et d'horreurs qui souillent les annales de la France, et que j'ai rapidement parcourues dans les premières feuilles de cette correspondance, dont le but est essentiellement politique, nous préserve de retomber jamais dans cet affreux dédale des révolutions.

L'examen attentif de celles de toutes les nations prouve aux esprits sages, aux esprits sensés tout le danger des innovations, et combien on doit être en garde contre cette fougue effrénée des méchans qui ne cherchent à détruire le respect dû aux gouvernemens que pour sacrifier sur les débris des trônes à l'idole de leur insatiable ambition, ou d'une vile cupidité. Peuple français, vous en avez fait l'expérience; qu'avez-vous gagné à changer de maîtres ? N'avez-vous pas été le jouet des divers ambitieux qui, au nom d'une liberté dont ils ne vous ont point laissé jouir, vous ont entraînés dans tous les excès de la licence, et se sont partagé les dépouilles de ceux qu'ils opprimaient, et toutes les richesses de l'état? Avez-vous joui du bonheur qu'ils vous avaient promis ? Avez-vous retrouvé dans vos divers gouvernans l'appui, la protection et tous les bienfaits que les Bourbons se sont toujours plu à vous prodiguer ? Puisque le peuple ne peut se gouverner lui-même, qu'il est reconnu, attesté par tous les siècles qu'il ne peut se passer de chefs, n'est-il pas trop heureux quand il en a trouvé qui réunissent l'humanité aux lumières, et dont toutes les vues tendent à son plus parfait bonheur? Les vertus sont héréditaires dans la branche des Bourbons; vainement on voudrait les révoquer en doute, toutes les voix s'élèveraient pour répéter des louanges méritées, et déjà la renommée a publié les faits particuliers qui honorent la mémoire du prince que nous pleurons , et dont la tombe est à peine fer-mée.

Peuple français ! c'est au pied de son cénotaphe que nous devons tous former le vœu de rester à jamais sous l'empire des Bourbons. Que la douleur resserre tous les liens de l'affection ; que les journées des 13 et 14 février, et 14 mars, ne s'effacent jamais de notre mémoire ; qu'elles soient placées parmi les jours d'un deuil général, mais surtout qu'elles fassent refluer tout notre amour , tout notre intérêt sur ce qui nous reste encore du sang précieux des Bourbons.

Épouses et mères ! unissez vos voix à la mienne pour nourrir, entretenir tous les sentimens qui peuvent concourir au but désiré. Votre sensibilité vous a fait vivement partager les douleurs si poignantes de l'ange de la Sicile ! il ne faut pas être princesse, il ne faut pas être née sur les marches du trône pour sentir tout ce qu'elle a dû souffrir dans cette nuit affreuse où elle a été en proie à tous les tourmens, à tous les déchiremens qui peuvent assiéger le cœur humain. La force d'âme qu'elle a montrée dans ces cruels instans, la douce sensibilité qui s'est manifestée en elle envers tous ceux qui ont pris part à sa profonde affliction, ont dû redoubler l'intérêt qu'elle inspirait déjà. Celui que ses touchantes vertus et ses éminentes qualités ont fait naître doit être un sentiment sacré qui doit lui attacher particulièrement les femmes, les femmes de toutes les classes, puisque ses vertus sont de tous les états. Placée près du trône, elle était destinée à y faire briller dans tout son éclat les grandes qualités de son âme. Ah ! puisqu'un barbare assassin a rompu le fil de ses beaux jours, celui de ses plus belles espérances, qu'elle règne au moins sur nos cœurs, qu'elle y règne constamment, et que tous les hommages de la nation française apportent quelques adoucissemens à ses amers regrets.

Epouses, mères, amantes même, vous devez toutes sentir combien, sous ces trois aspects, toutes ses affections sont cruellement froissées ! Mettez-vous à sa place, et que cette considération vous porte à user de toute l'influence que vous pouvez exercer sur les objets qui vous sont unis par les liens du sentiment, pour les éloigner de céder aux sollicitations ou aux insinuations perfides des ennemis du trône et de la monarchie. Votre propre bonheur y est intéressé ; rappelez-vous ces jours non encore loin de vous où vous trembliez sans cesse pour les jours de ceux qui vous étaient chers. Mères infortunées, rappelez-vous vos fils moissonnés dans les champs du carnage ; rappelez-vous le nombre immense des victimes sacrifiées par l'ambition d'un tyran.... Craignez, redoutez le retour des mêmes dangers. Et vous épouses et jeunes amantes, condamnées à un veuvage éternel, vous qui avez vu rompre les plus doux nœuds, et qui avez peut-être depuis retrouvé dans d'autres liens une consolation à vos peines, craignez qu'une nouvelle guerre ne rouvre la source de vos larmes, et dites-vous bien que le salut de la France entière est attaché à celui des Bourbons.

Braves soldats français, honneur de la patrie, vous qu'elle réclame comme les défenseurs de ses libertés, ah! ne séparez pas vos intérêts de ceux du trône; si vous vous laissiez entraîner, séduire par des novateurs ambitieux, vous ne tarderiez pas à reconnaître que vous avez adopté une fausse marche. Ce sentiment inné dans tous les cœurs français, cet amour de nos rois, qu'on peut assoupir un instant, mais non pas entièrement éteindre, se réveillerait dans votre âme; et si vous désertiez les drapeaux de l'honneur, les plus cruels remords déchireraient votre cœur, troubleraient le cours même des victoires que vous pourriez obtenir dans un autre parti que celui du roi. Non, vous ne vous y laisserez pas entraîner; non, ce ne sera point vainement que vos larmes auront coulé près des mânes du duc de Berry; vous serez les défenseurs de sa veuve infortunée, et les soutiens du trône, ou vous ne seriez pas dignes du nom de Français.

Que ce beau nom, synonyme de tous les sentimens d'honneur et de fidélité, reprenne toute sa force, tout l'éclat de sa réputation chez les nations les plus reculées; qu'on dise avec horreur: Des traîtres à leur patrie! des militaires qui trahissent leur roi! ils n'étaient pas Français! ....

Mais, j'aime à le croire, ils seront tous fidèles aux sermens faits à Louis XVIII, et les factieux, scélérats impies, qui osent répandre avec audace qu'ils sont sûrs de l'appui d'une partie de l'armée, seront trompés dans leur attente. Leur dernier forfait doit avoir désillé les yeux de ceux qui pouvaient s'aveugler sur leurs intentions, et le noble prince dont l'âme, en s'exhalant, demandait grâce pour son assassin, doit avoir désarmé tous ceux qui n'étaient qu'égarés, trompés par de fausses insinuations....

Qu'ils reviennent tous d'une funeste erreur, et qu'ils réparent un instant de faiblesse par des années de fidélité. Si, dans la foule immense des curieux qui se sont approchés des mânes de la victime, il s'en est trouvé qui ne partageaient pas la douleur générale, ah! puissent-ils en s'en approchant avoir ressenti une émanation de ce cœur divin, une émanation salutaire, qui ait porté le trouble, le repentir jusque dans le fond de leur âme!

Le ciel devrait un tel miracle à ses vertus; et, lorsqu'une femme, une femme sensible n'a pu s'approcher du catafalque, du cœur royal de l'auguste victime sans ressentir dans tout son être comme une étincelle électrique qui la porte à exhaler les sentimens dont elle est profondément pénétrée, les militaires français, amis de la valeur et des vertus franches et guerrières, auraient-ils pu rester insensibles et froids près des mânes du prince, digne fils de Henri! Non, tout l'honneur français s'est réveillé en eux; ils ont, j'en suis sûre, juré sur son tombeau de vivre et de mourir pour les Bourbons! On les verra, fidèles au blanc panache, marcher sous les phalanges des braves et loyaux défenseurs de la monarchie, combattre, s'il le faut, pour triompher entièrement des factieux; mais leur cri de guerre ne sera qu'un cri d'honneur et d'amour.

Oui, d'amour pour nos princes et pour cette princesse que ses malheurs nous rendent encore plus chère. Ah! si la guerre s'engage, que, comme une autre Marie-Thérèse, elle se montre aux soldats sa fille entre les bras; tous les sentimens s'exalteront, et les Français, ainsi que les fidèles Hongrois, jureront de périr tous plutôt que de souffrir qu'il lui soit porté la moindre atteinte.

www.ingramcontent.com/pod-product-compliance
Lightning Source LLC
Chambersburg PA
CBHW071425030726
47594CB00006B/2585